ite

youth culture square

INDEX

COVER & Feature @onefive
——P05

ink stand
ink stand
ink stand

Feature

@onefiveと、その色

取材協力
inkstand by kakimori
〒111-0051
台東区蔵前4-20-12クラマエビル1F
tel 050-1744-8547

無限にある、さまざまな色。
@onefiveの4人がそれぞれ「自分をあらわす色」を表現したら何色になるだろう？
今回、自分で選んだ「作りたい色」と「その理由」を教えてもらった。

「
それぞれが
それぞれの色をつくろう。
」

複数ある基本色の中から、作りたい色、重ねたい色を3色選んで調合。なにをどれだけ入れるか。
そこでできた色は世界でひとつだけの色になる。

KANOが作り上げたのは「太陽」のように紅く、薔薇のように深い赤。
その名もSunny Rose。

KANO

千葉県出身。
好きな映画 / ワンダー 君は太陽
好きな本 / 天国までの49日間
最近気になること / 体をうごかすこと！ ジムに通いたーい！

——今日はどういった色を作ってみたいですか？

赤い色を作ろうかなって思っています。

——赤も朱色や真紅など、色の深さで印象が変わってきますね。

そうですね。私は深緋色《こきひいろ》が大好きなんですけど、今日は太陽をイメージして作ってみたいです。

——そうなんですね。なぜ太陽なんですか。

私は落ち込んでいるときとかに空を見上げて、気持ちを落ち着かせたりするんです。そういった、自分が沈むような気持ちのときに励まされていた太陽のように自分もなれたらいいなって思ったんです。

——では、好きな深緋色より少し明るい色をイメージしていますか？

でも、ちょっと深い色にして大人っぽさも足していきたいですね（笑）。

@onefive

ただのオレンジではなく、「濃さ」も感じる“Citrus Sourness”。
GUMIらしい、しっかりと芯がある色だ。

GUMI

千葉県出身。
好きな映画 / ステキな隠し撮り、君の膵臓をたべたい
好きな本 / 告白（湊かなえさん）
最近気になること / ファッション、アイドル

──GUMIさんが表現したい色はどんな色ですか。

私はオレンジ色です！　理由はミカンが好きだからですね（笑）。

──あははは（笑）。素直でいいですね！

オレンジ色の服とかが似合う女の子って、元気で明るくていろんな人に好かれているようなイメージがあるんです。私が憧れている方もオレンジ色が似合う方なので、私もそうなれたらいいなって思って、選びました。

──そうなりたい色であり、似合うような人になりたい色でもある感じですね。作りたい色の第二候補はありましたか。

私は小さいころから紫が好きだったので、紫ですね。小学校のときのランドセルも紫色だったんですよ。すごい個性がある色だなって感じているんです。

今回、それぞれの色だけでなく、特別に作らせていただいたのが「4人がそれぞれ一色づつ色を足して作る@onefiveカラー」。抹茶のような深く、それでいて個性的な色が生まれた。
※通常でのインク作成では4色での配合はおこなっておりません。

「

4人で合わせてつくる
@onefiveのいろ

」

SOYOが目指した穏やかな緑色は、Fresh leaf flavorと名付けた。
穏やかでありつつも、色を重ねることで重厚な魅力を出す。

SOYO

大阪府出身。
好きな映画 / スイングガールズ
好きな本 / orange
最近気になること / メイク

――今日はどういったイメージを色として表現したいですか？

ミントの葉みたいなグリーンをイメージしたいなって思います。

――もともと緑色がお好きなんですか？

そうですね。小さいころから、家の周りに緑が多くて、そのなかで育ったのもあると思うんですけど、緑色には穏やかな印象があって、私がなりたい色というイメージもあるんです。忙しかったりすると気持ちがイガイガしちゃうときもあると思うんです。そういったときにも穏やかでいたいなって（笑）。

――そういたい自分でもある色、というか。

それに@onefiveで着た最初の衣装が緑色だったので、そのときの気持ちも忘れないようにしたいなって思っています。

「小さな宇宙」という名前を持つ、MOMOが生み出した色。
線としての色。重ねた色。乾く前と後。さまざまな表情をもつカラーになった。

MOMO

東京都出身。
好きな映画 / アメリ
好きな本 / 西の魔女が死んだ
最近気になること / メイク

――MOMOさんが今日、作ろうとしている色はなんですか？

紫です。私の中で、紫は個性的に感じる色なんです。もしかしたら、あまり自分では定番ではない色、選ばない色というのもあるかもしれないです。

――なるほど。自分の手元にない色だからこそ、個性的に感じる。

そうかもしれませんね。私もこれから@onefiveで活動していくにあたって自分なりの個性だとかアイデンティティを見つけていきたいなって思ったので紫を選びました。

――未来へ向かって目指す色というか。ちなみに、紫の次に考えていた色ってありますか。

ピンクですね！　でも、これから先に大人へとなっていくというイメージでは紫色がいいなって思いました。

協力：毎日使いたいガラスペン BRIDE 定価6,000円 / 毎日使いたいガラスペン GROOM 定価6,000円 / インクポット BOUQUET 定価4,000円

「それぞれの色で
それぞれの想いを
書いてみよう」

「いろんなペンと
いろんな紙で
いろんな線を。」

ガラスペン、Gペン、フェルトペン。書くものが変われば同じ色でも変化する。

フェルトペンのにじみ方で、なにかを閃いたGUMI。

ink
stand

@onefiveの4人が生み出した色は、さまざまなペンと紙で文字にも絵にも数式にも変化し
あっという間にテーブルの上は、彼女たちの表現の場所となった。

「色は多彩な表現で
カタチになっていく。」

今回、4人が作った色は世界にひとつだけ。彼女たちが自分たちの感性で生み出したオリジナルの色。

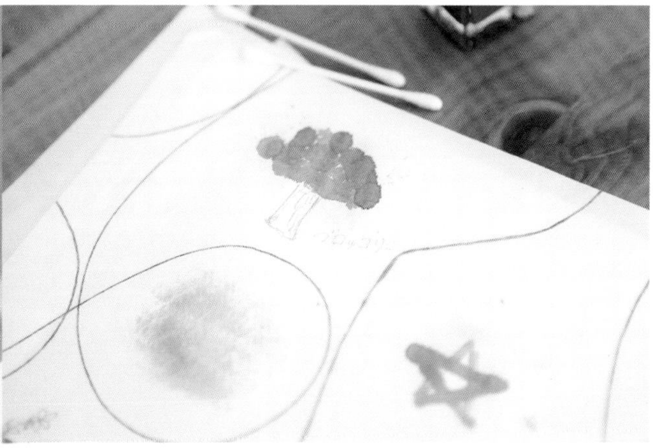
ブロッコリ

まだ見ぬ
世界

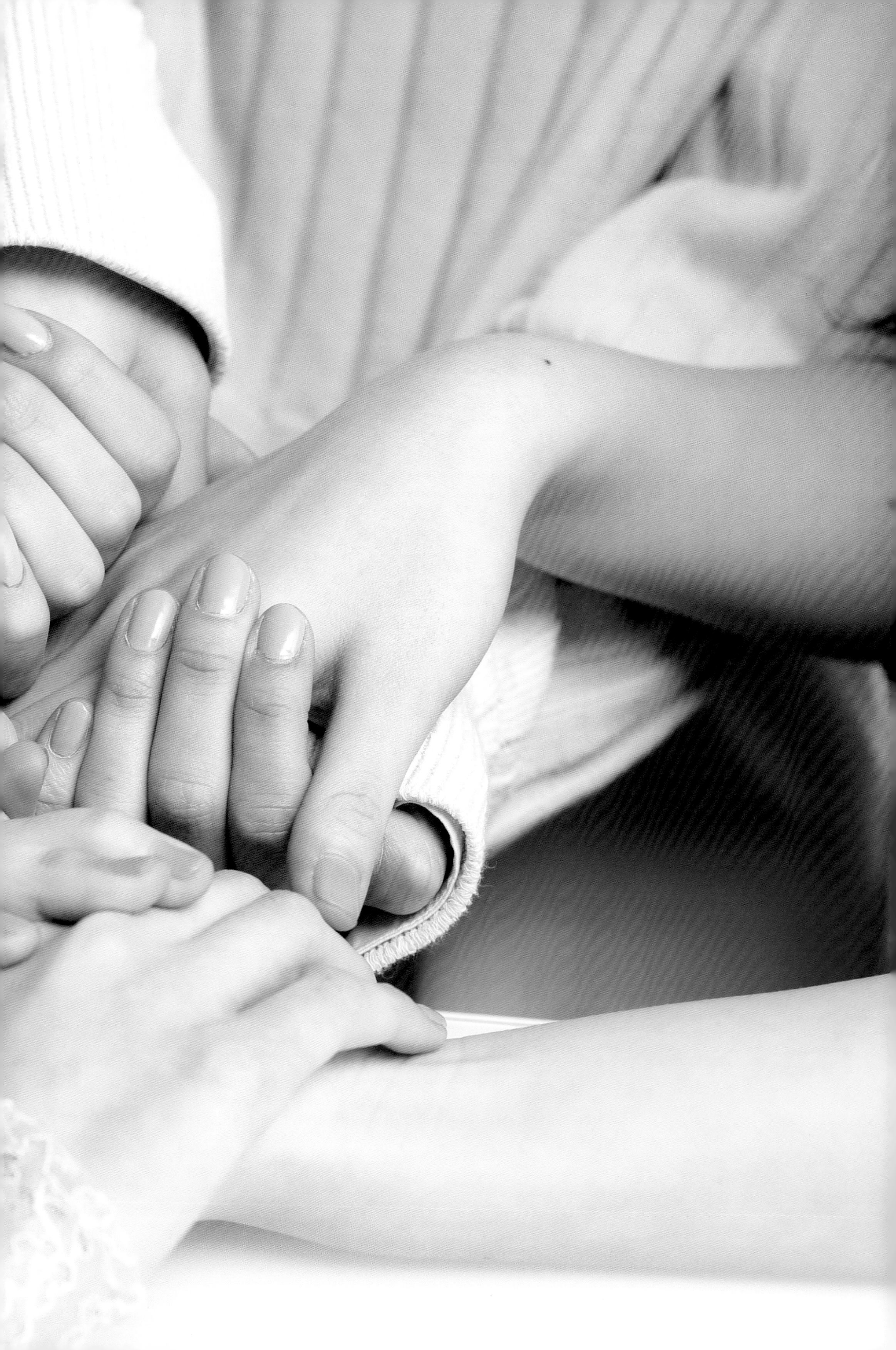

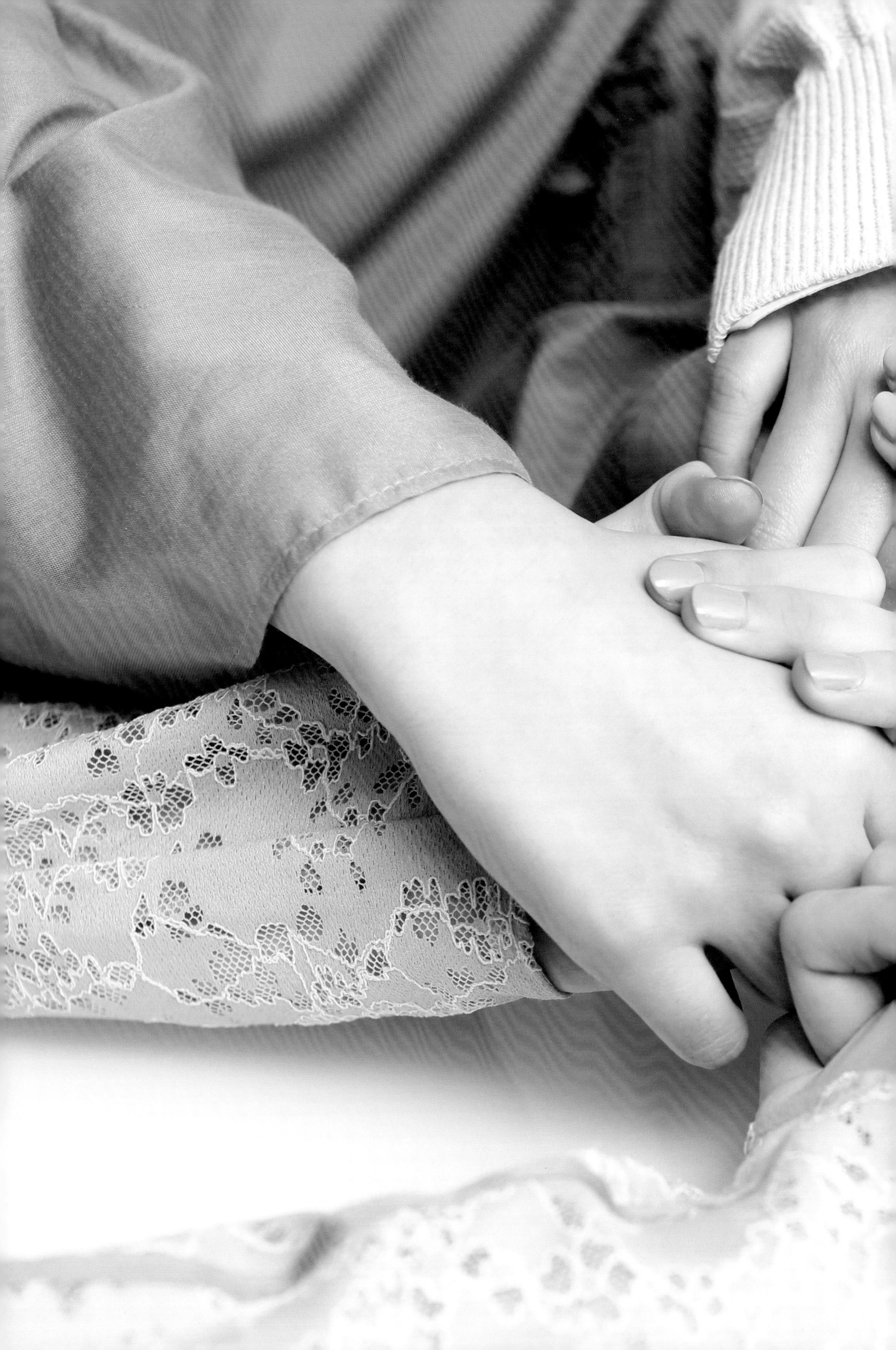

まだ見ぬ世界へ

デジタル配信した『Pinky Promise』に続き、
ついに1stシングル『まだ見ぬ世界』をリリースする@onefive。自分の色を作ってみた感想。
そして、@onefiveとしての自分を改めて聞いてみた。

KANO

どう
自分たちの気持ちを
伝えられるか

——今日はそれぞれが思う、自分の色を表現していただきましたが、思っていた通りの色になりましたか?

はい! そして、改めて私は赤が好きなんだなって思いました(笑)。

——あははは(笑)。それぞれが思う自分の色はグリーン、紫、赤、オレンジでしたが、イメージとして@onefiveの4人が集まったときはどういった色になると思いますか。

4つの色が溶け込んだ色というよりは、それぞれの色が混ざったようなイメージかもしれません。たとえば、新曲の『まだ見ぬ世界』の「この空間にいれることが幸せで この景色が見れることも幸せで」という部分の振り付けは4人それぞれが違う方向を見て歌うんです。4人でいることの大切さと、それぞれの個性が出ている気がして、すごく好きなんです。

——@onefiveの振り付けは、自分たちの個性が出ているなと感じるものが多いんですか?

そうですね。あと、ちょっと背伸びしたような、大人な感じの振り付けなんです。踊っていくうちに「ちょっとずつ私も大人になっているんだなあ」って感じています(笑)。

——最初のシングルである『Pinky Promise』から時がたち、歌詞への印象や思い入れは変わってきた部分があるのでしょうか?

『Pinky Promise』に「みんなで夢をつかもうと約束」という歌詞があるんですが、あのときは願望だけで頑張ろうって思っていたんです。でも、いまは頑張るだけでなく、どう自分たちの気持ちを伝えられるかということを考えられるようになりました。『まだ見ぬ世界』は、とても前向きに突き進んでいける歌詞で、等身大の私たちの気持ちを代弁してくれていると思ってます。

——それは、@onefiveの歌詞を紡ぐ、もうひとりのメンバーともいえるYURAさんの存在が大きいんでしょうね。最新曲も含めて2曲、彼女の歌詞に触れてみて、どういった印象を受けていますか。

15才ならではの心境など、「私の気持ちがわかるの?」って聞きたくなるくらい(笑)、わかりやすく言葉に表してくれているので、歌うときも気持ちを込めて歌えました! 共感できる歌詞がすごいと思ってます! 私たちの同世代だけでなく、幅広い世代の方々にみていただきたいので、歌の曲調や服装、メイクも色々変えて挑戦していきたいです!!

GUMI

15歳の姿
等身大で表現したい。

——オレンジ色を選んだ理由が「憧れ」であり「なりたい」色ということでしたが、いま@onefiveを通じて感じる自分の成長はどんなところですか。

歌詞の意味が、自分の体験や感情としてちゃんと分かりはじめているというのはあります。とくに『まだ見ぬ世界』は、いよいよ@onefiveとして本格的に動き始めるという気持ちもあって、歌詞の感じ方も変わってきたんだと思います。

——それはどういったところですか。

具体性が増したんじゃないかなって思います。今回の『まだ見ぬ世界』は全体的に歌詞が前向きで自分は大好きなんですけど、「後ろ向いてばっかじゃ始まんない」という歌詞が、いまの私たちにあてはまっていて自分たちの言葉になっている気がするんです。

——その増した具体性は『Pinky Promise』にも感じるところがあるんでしょうか。

『Pinky Promise』は日常的なことを歌っているのだと思っていたんですが、いま、大変な状況になり、メンバーたちとも会えなかったので、ただの日常ではなくすごく幸せな日常の歌詞なんだなと改めて思っています。

——そうやって表現の幅が広がっていくのも楽しみですね。グループとして@onefiveの4人が共通してもっている自分たちのイメージはどういったものなんでしょうか。

個性がある4人なので、お互いの良いところも良くないところも、お互いに助け合っていくというイメージはみんなの中にあると思います。これからも、そうして進んでいければいいですね。

——それぞれの個性を発揮して助け合いながらも、いま@onefiveだからこそ表現できるものはなんだと思いますか？

@onefiveを結成したり、高校生になったりして急に世界が広がりました。そんなときの期待と不安を15歳の姿、等身大で表現したいです。

——いま、世界が広がったとおっしゃっていましたが、これから@onefiveの楽曲やダンス、そしてステージを通じて、カタチにしていきたいもの。目指しているものはありますか？

いつか色々なところでライブをしたいなと思います。言葉や文化が違う人にも笑顔になってもらえるようになりたいです。

SOYO

どんどん
“まだ見ぬ世界”が
更新されていけばいいな

——初めてインクを調合した感想をお聞かせください。

どんな色を作るのか決めるときから「自分がなりたいイメージってなんだろう?」って考えることができて、色を重ねて良い色になったときに「こういうふうになれるように頑張っていきたい」と思うことができました。

——「穏やかでいたい」というのが、SOYOさんらしいなと思いました。@onefiveの歌詞でも自分と他者との関わりを強く感じる歌詞があって、そういった部分でも自分の在り方を探しているのかなとも感じました。

そうですね。この4人は良い意味で自分を出せて、自分が目指そうとするものに近づけるんじゃないかなって思っています。MOMOは自分の見せ方がすごく上手。KANOはパワフルな歌とダンス。GUMIはキレイで丁寧なダンス。私自身も他のメンバーに負けないように、自分なりの表現を頑張っています。

——そういった思いも、今回の新曲に入っているんですね。

なにより、今回の歌詞は全体的に前向きで「落ち込んでいても明日はあるし、前に進むことはできる」という気持ちにさせてくれるから大好きなんです。

——SOYOさんから見て、@onefiveだからこそ表現できるものはなんだと思いますか?

『Pinky Promise』のときは、まだ歌も踊りも無邪気さがあったと思うんですけど、『まだ見ぬ世界』は「この4人で進んでいこう」という気持ちが強くなっている気がします。それぞれ違う個性の4人ですが、これまで4~5年一緒に活動してきたので、すごく仲良しで、4人の絆は最強だと思っています!この4人の息のあったダンスや歌などを皆さんに届けられたらいいなと思っています!

——@onefiveとしてスタートを切っていくわけですが、いまの段階で自分たちの楽曲を見つめ直してみて、どうお感じになりますか?

『Pinky Promise』は、歌うたびに初心に返る事ができるんです。4人で一緒に頑張ろうと決めた時の気持ちに戻れて、改めて、支えてくださっているたくさんの方の為にも、頑張っていきたいと強く思います。『まだ見ぬ世界』は、ずっと一番底の部分は変わらないと思いますが、どんどん〝まだ見ぬ世界〟が更新されていけばいいなと思います。これから経験することがとても楽しみです。

MOMO

感謝の気持ちを
伝えていきたい。

――今日の取材はいかがでしたか。

すごく楽しかったです！　インクを作ったことで自分と向き合うような時間ができたのもとても良かったですね。

――そのなかで感じたことはありましたか。

最近、「あのときにいまの選択ではなく、別の選択をしていたら、このメンバーにも会っていないし、この場所にもいないな」って考えることがあるんです。

――そうなんですか。

『まだ見ぬ世界』の歌詞にも「この世界で出会えたことは偶然で　ここで同じ時を過ごすことは必然で」という言葉があって、そこは自分にとっても思い入れが強い部分だなって感じています。

――それは、いまいる自分の状況を改めて振り返えるような関係性をグループとして作れていることも大きいですか？

そうですね。@onefiveは個性が強くても、それぞれの良いところを尊重しあえる関係性だと感じます。そういった、ひとつひとつの色が集まり繋がったら綺麗な虹をつくれるんだと思うんです。いま、さまざまな体験を通じて、感じたことが歌やダンスに出てきているんじゃないかなって思います。

――その個性が発揮されつつ、4人の気持ちがまとまる歌詞を紡ぐYURAさんも@onefiveには欠かせない存在ですよね。

はい。等身大ながらも美しい言葉選びなどに感心します。変に大人び過ぎず、綺麗で15歳らしいYURAの書く歌詞はとても気に入っています。そういった私たちの曲をいろいろな世代の中でも特に同世代の子が曲とか歌に共感してくれて、頑張る力だったり夢みたりするような存在になっていきたいです。

――さきほど、おっしゃってもいましたが、ご自身も@onefiveの歌詞や楽曲への思い入れはどんどん強くなっているんですか。

『まだ見ぬ世界』が生まれて、またひとつステップアップした今、スタート地点の『Pinky Promise』に対する愛はもっと強くなりました。『まだ見ぬ世界』もこれから色んな見え方、感じ方をしていくと思います。こうして@onefiveが活動できているのは、メンバーも含めていろんな方のおかげだと思っているので、その感謝の気持ちも伝えていきたいですね！

@onefive

SOYO、MOMO、KANO、GUMIの4人組ガールズユニット。SNSを中心に話題と人気を集め、6月24日シングル「まだ見ぬ世界」でCDデビュー。アミューズ所属。

「まだ見ぬ世界」

シングル「まだ見ぬ世界」商品情報
※タワーレコード・アスマート限定にて発売
発売日：6月24日（水）
GTCG-0745 ¥1,182（税抜）
〈収録曲〉
01. まだ見ぬ世界
02. Pinky Promise
03. まだ見ぬ世界（Instrumental）
04. Pinky Promise（Instrumental）
05. おしゃべりコンテンツ〜ちょっと
@onefiveとお話していきませんか？〜

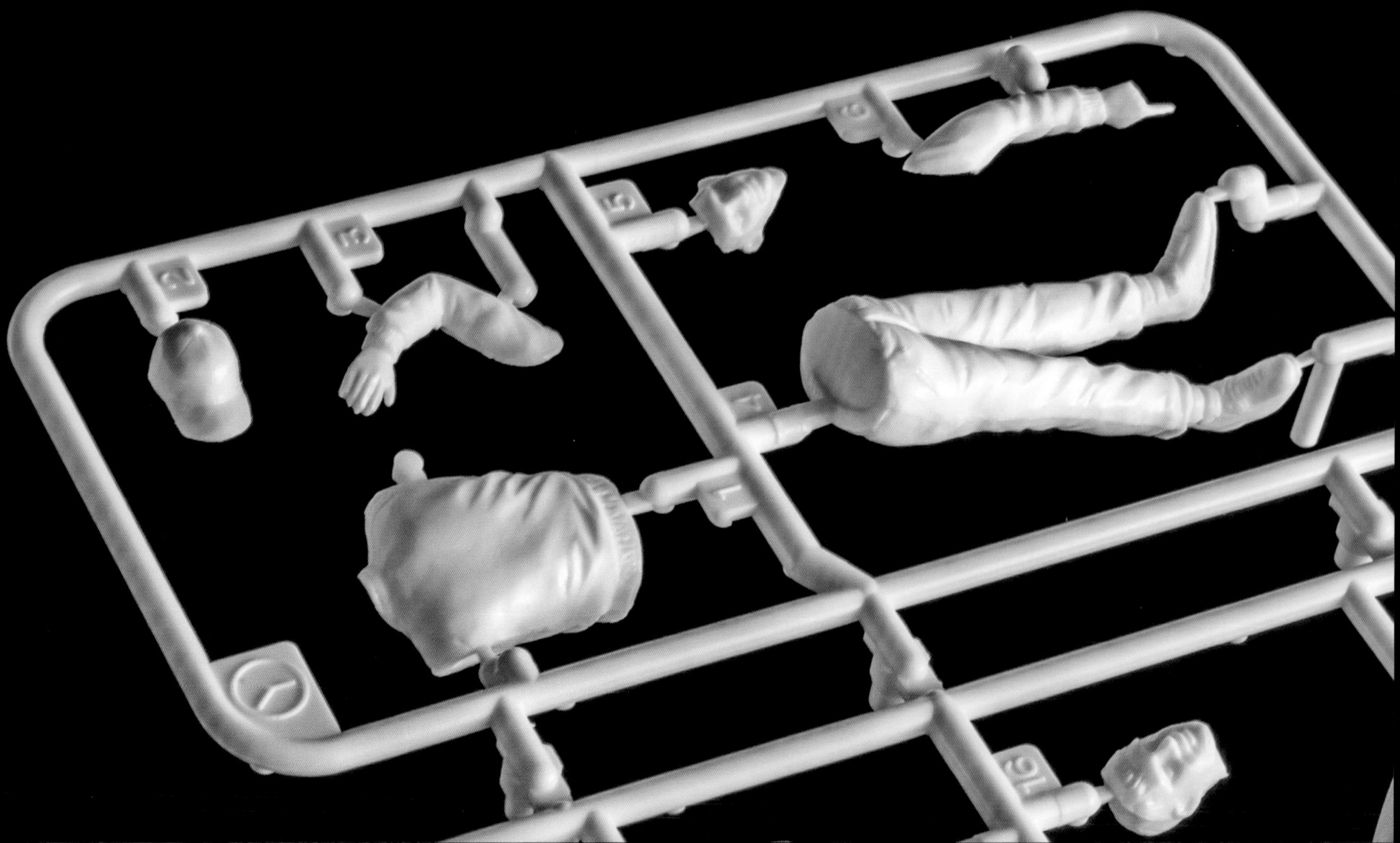

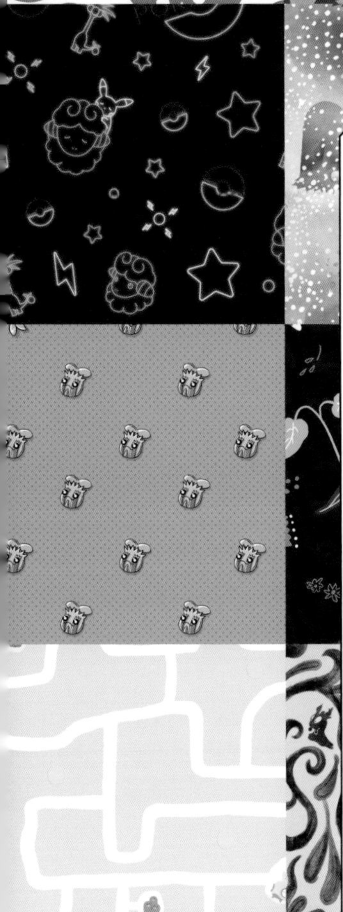

POKÉMON

Shirts

Presented by
ORIGINAL STITCH

meets

吉田凜音

Rinne Yoshida

『ポケットモンスター赤・緑・金・銀』に出てくるポケモンのすべて、全251種類が生地になった「ポケモンシャツ」。ただ生地を選べるだけでなく、スタイルから裏地、ボタンの色など自分好みのカスタマイズにできるのが超魅力！
もし、この人だったら、どういうシャツにするだろう？と思い、今回、吉田凜音さんに実際にシャツをカスタマイズして頂いた。

Magcargo × Relax Shirt

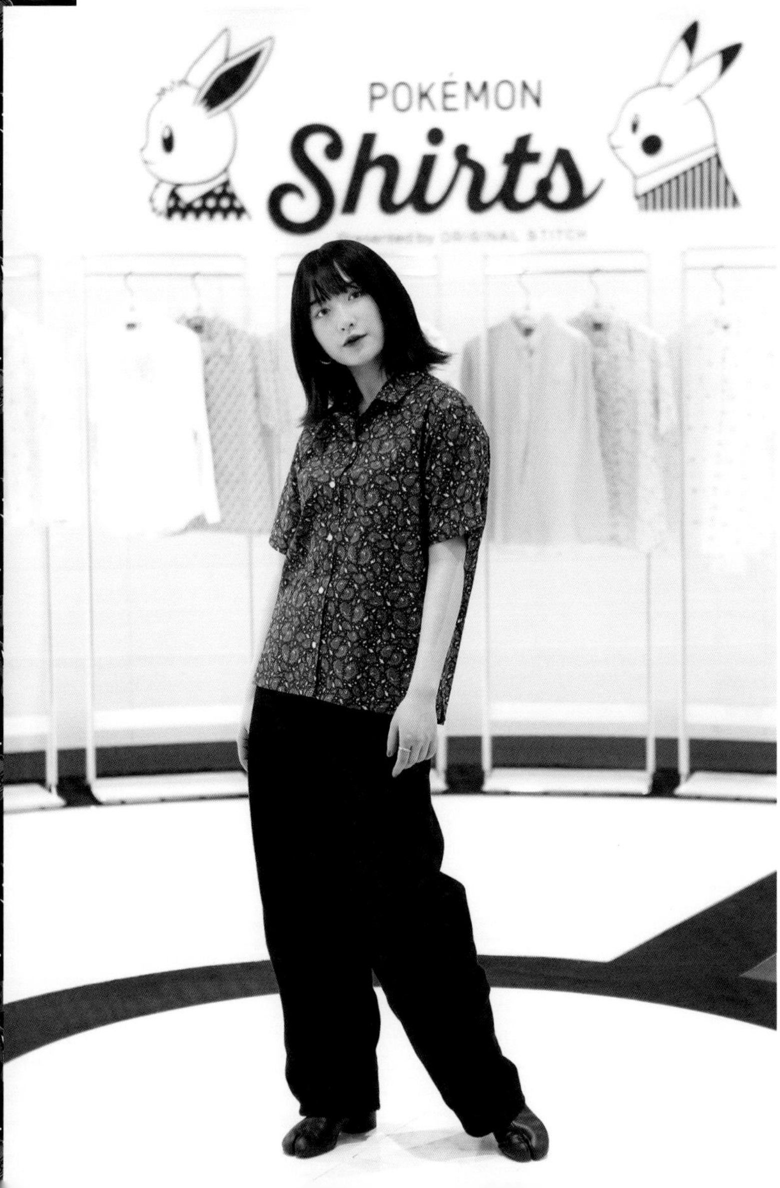
POKÉMON
Shirts

POKÉMON
Shirts

POKÉMON
Shirts

吉田凜音のポケモンシャツ・カスタマイズ 01 マグカルゴのリラックスシャツ

スタイル: リラックスシャツ
生地: マグカルゴ
襟: 開襟
胸ポケット: なし
ボタン: 白
サイズ: レディース M

生地のデザインを活かすために、開襟や胸ポケットをオミットするなど、必要以上に凝ることはせず、気軽に着られるシャツにカスタマイズ。

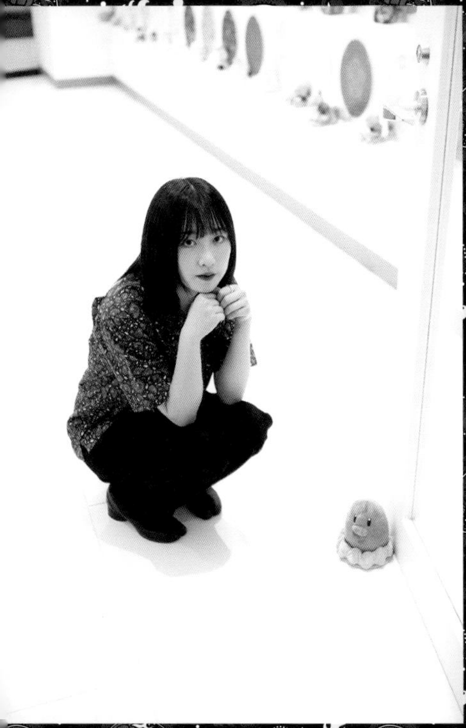
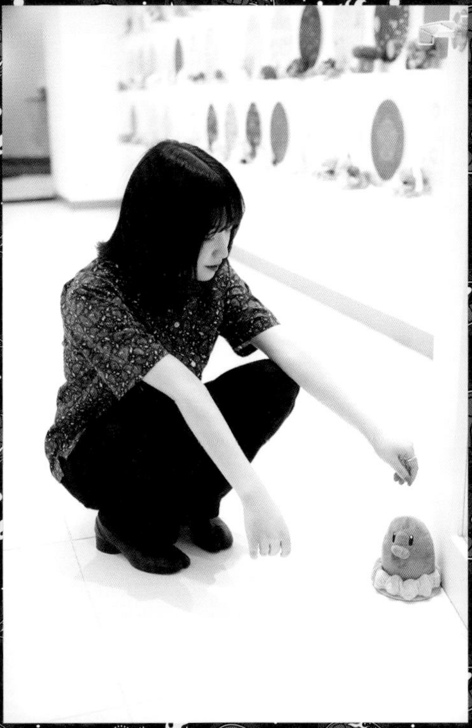
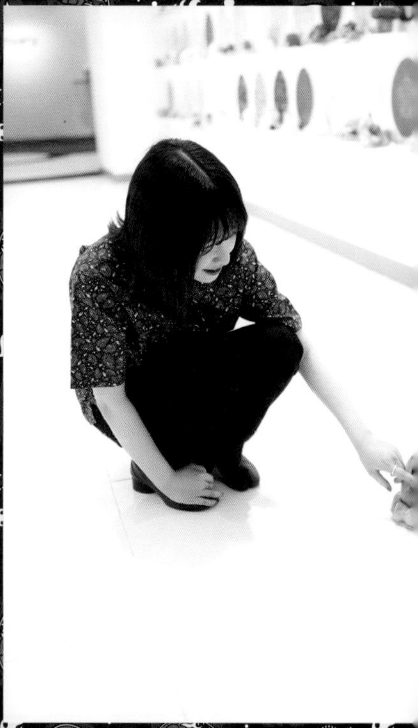
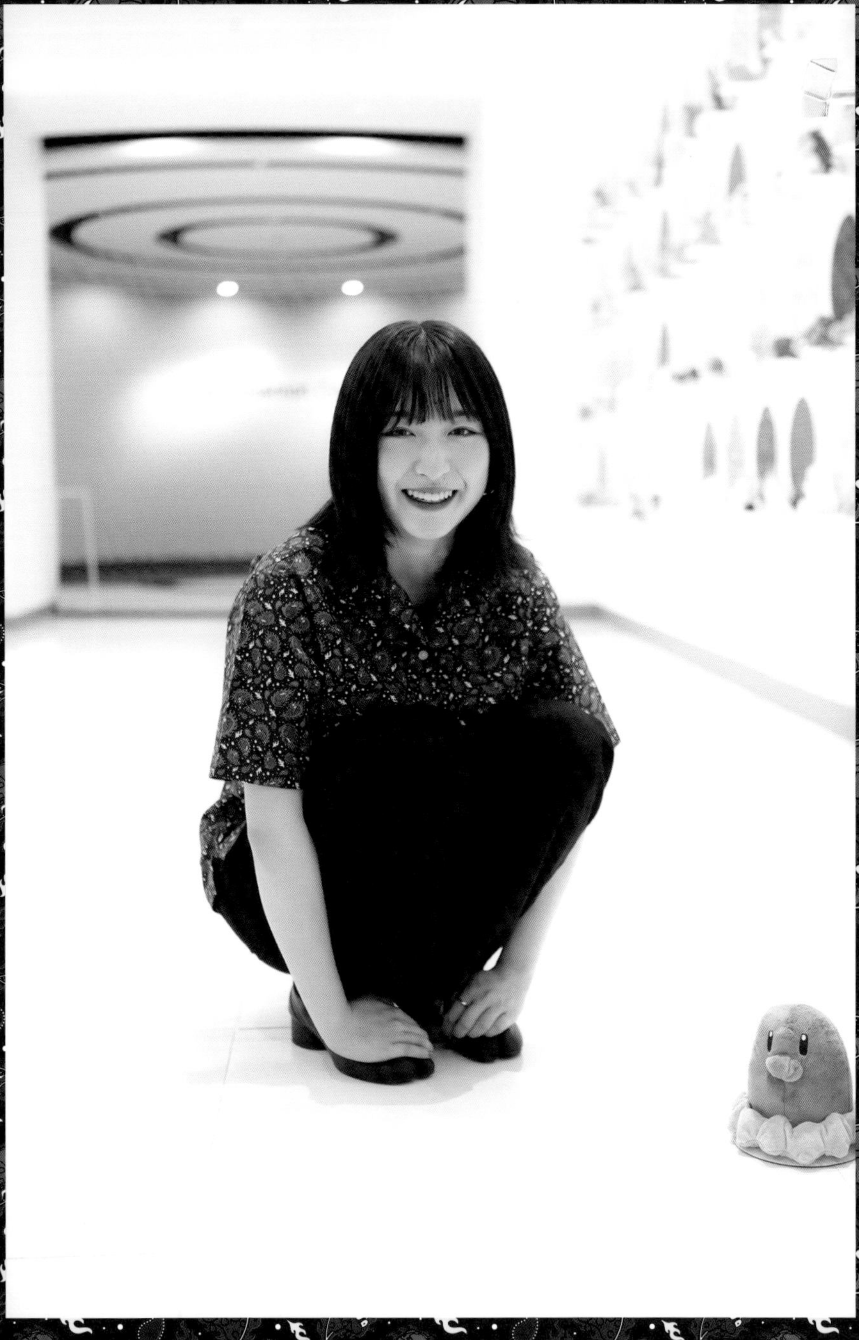
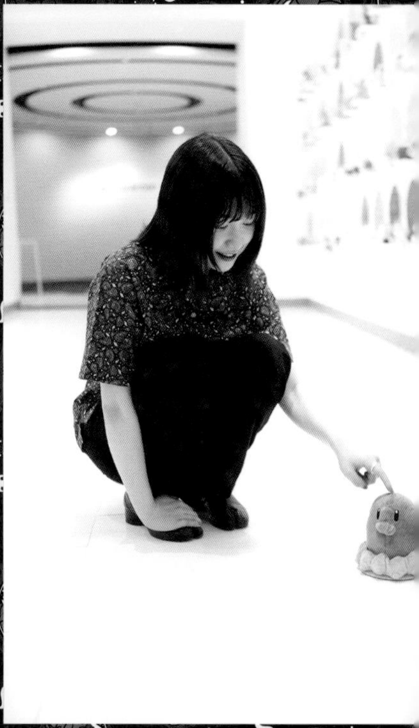

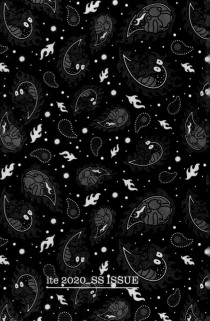

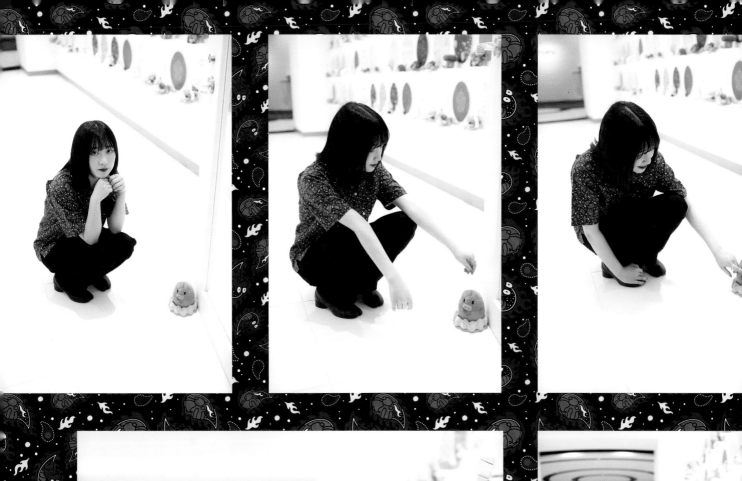

Unown × Casual Shirt

吉田凜音のポケモンシャツ・カスタマイズ 02 アンノーンのカジュアルシャツ

スタイル：カジュアルシャツ
生地：アンノーン
襟：ボタンダウン
胸ポケット：なし
ボタン：黒
サイズ：レディース XXL

袖裏と襟裏を黒地にすることで、袖を折ったときや襟から少し見えるときに、締まって見えるのが特徴。シンプルながらアクセントが効いたシャツに仕上がっている。

吉田凜音
2000年生。北海道出身。歌手としてだけでなく、映画への出演や、CMへの出演など、幅広い活躍を見せ、同世代から圧倒的な支持を得ている。
https://www.instagram.com/rinne1211/

ポケモンシャツの詳しい情報やオンラインオーダーはこちら！

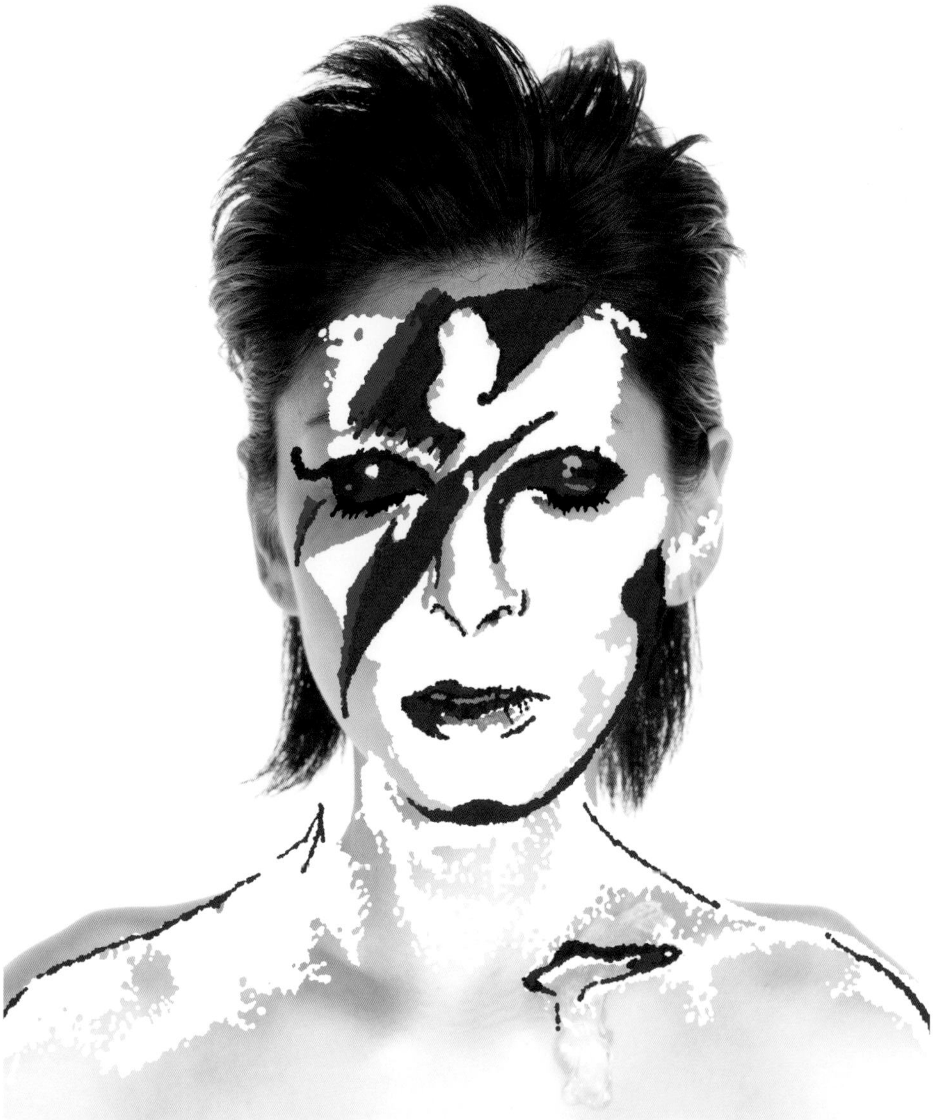

喰心棒

痛快に豪快に漲る食の無法地帯！

美味しいものが大好き！
せっかく食べるなら美味しいものがいい！
千差万別十人十色な食の好みを引き受けましょう。
このふたりが！

World Meatball Classic　〒160-0022 東京都新宿区新宿1丁目15-4　050-5597-1914

好きな食べ物と自炊。

——今日は、食べることが大好きなおふたりに来ていただきましたが、まずはお好きな食べ物からお聞きしましょうか。

ユメカ・ナウカナ？（以下、ユメカ） なんでも好きですけどラーメンが好きですね！ 豚骨醤油が特に好きです！

ウルウ・ル 私もラーメンが好きで、よくふたりだけで食べに行ったりとかもしているんですよ。

——そうなんですね。おふたりとも今後、行ってみたいラーメン屋とかあるんですか。

ウルウ・ル 凪に行ってみたいんですけど、いつも混んでいてまだ行ったことないんですよね。

ユメカ 行ってみたい!!

ウルウ・ル あと、私は辛い料理が好きなんです。

——辛い料理と言っても、インド、タイ、中華、韓国と色々ありますけど、どこが一番好きとかあるんですか。

ウルウ・ル 中国も好きですけど、韓国料理が一番好きですね！

ユメカ そこは好みが違うんですよね。私は辛いものがそんな得意じゃないんですよ（笑）。

——へー！ そうなんですね。普段は自炊とかされますか？

ユメカ 最近、お母さんに教えてもらって色々とするようになりました。つい最近はハンバーグを作りましたね。

ウルウ・ル 私はぜんぜんしないですね。料理してて爆発させちゃうくらいなんで……。

——爆発!?（笑）

■

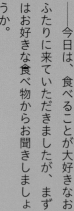

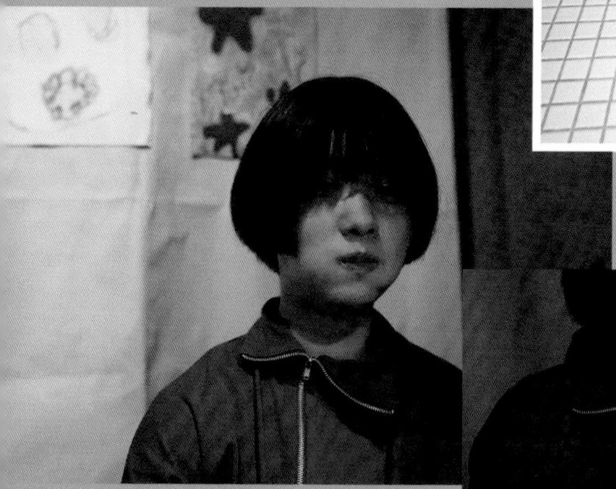

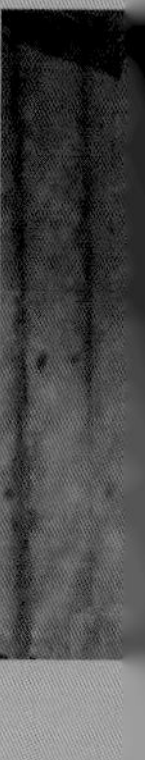

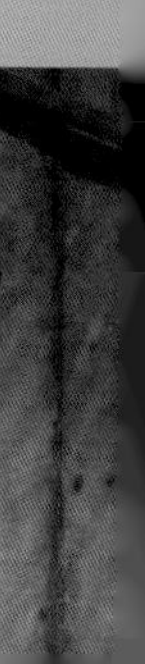

ミートボール30個といろいろといただきます！

――今日のメインディッシュであるミートボール。普段のメニューにはないのですが今日は特別にミートボールを30個、山盛りにしていただきました。

ユメカ　わー！　すごい！

――ミートボールは、ビーフ、ポーク、チキン、ラムの4種類があります。

ウルウ・ル　めっちゃいい匂いする！

ユメカ　では、せーの。

ウルウ・ル&ユメカ　いただきます！

ユメカ　美味しい！

ウルウ・ル　肉汁が溢れ出すね～！

――喜んでいただけたようで良かったです。

ユメカ　これ、ミートだよね。

ウルウ・ル　全部、ミートだね（笑）。

ユメカ　あ！　ポーク！　ポークって言いたかった！（笑）。

全員　（笑）。

――サルサにヨーグルトソースなどなど各種調味料もあるので、味に変化を付けていくのも良いと思います。

ユメカ　あ、にんにくしょうゆいいな！　絶対に美味しいじゃないですか。あ、美味しい……。

――素の表情で（笑）。

ウルウ・ル　私はサルサにします。爽やかな感じがめちゃくちゃ合いますね。

ユメカ　なんかヨーグルトソースは……朝みたいな味。

――朝！

ユメカ　青空みたいな。

――青空!?

■

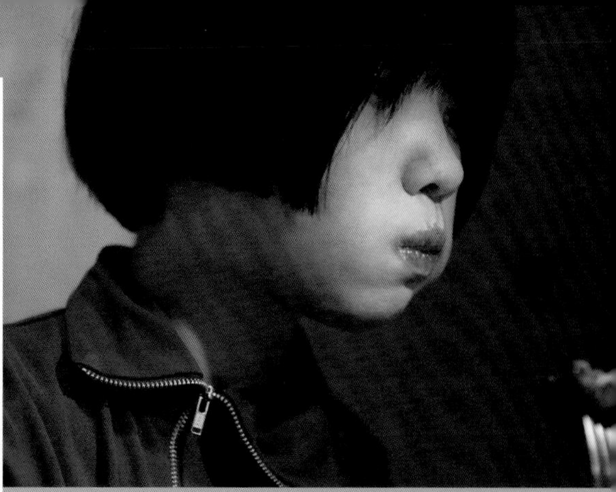

おうちのごはんで好きなもの。

——「台湾風豚バラの揚げ物」や「チュニジア風オムレツ」ももどうぞ！

ウルウ・ル　どれも美味しい……！

——お母さんの作る料理で好きなものってありますか。

ユメカ　唐揚げですね！　お母さんが作るのは味が濃くって、大きくて大胆なんですよ！　それを伝授してもらったんで、今度作りたいです。

ウルウ・ル　私は鍋なんですけど、前に鍋って言ったら「誰が作っても同じ」って怒られました（笑）。でも、豚肉と白菜のミルフィーユ鍋が大好きで。

ユメカ　そんなおしゃれなの食べたことない！（笑）。うちのお鍋、エノキか豆腐くらいしか入ってないよ！

——そんなことはないでしょう！（笑）。ご自分で、こういった料理を作っていきたいとかありますか。

ユメカ　肉じゃがを作りたいんです。作れたらかわいいかなって。

ウルウ・ル　さっきも言った通り自炊できないんですけど、アヒージョだけ作れるんですよ。

——アヒージョだけ！（笑）。

ウルウ・ル　よくキャンプに行っていて、そこで作っていたんで、それだけ出来るんです。

ユメカ　あ、私は家で冷凍庫からミックスベジタブルのコーンだけ出して食べてましたよ。

——え？　コーンだけ冷凍のまま？

ユメカ　はい。冷凍庫から、そのまま！

——……なるほど……？ ■

スパイシー ミックスナッツ ¥400
ローストビーフ ¥600
ローストポーク ¥600

酒処
肉団子
TAKE OUT OK!!
Please order inside!!
Tables over there
Available!!
Closed
World
Meatbal

ウルウ・ル

WACKの育成グループWAggからCARRY LOOSEのメンバーに昇格。『やさしい世界』『23:59』などCARRY LOOSEの楽曲の作詞も多く手掛けている。

ユメカ・ナウカナ？

一般募集されたCARRY LOOSEのオーディションに合格した唯一のメンバーでパンダ愛好家。毎月発行されるタワーレコードのフリーマガジンbounceにて、好きな音楽を紹介する『ユメみる円盤』も連載中。

ふたりが所属するCARRY LOOSEとは？

パン・ルナリーフィ、YUiNA EMPiRE、ウルウ・ル、ユメカ・ナウカナ？からなる4人組グループ。2019年10月22日アルバム「CARRY LOOSE」でデビューを果たし、2020年2月11日には、1stシングル「にんげん」をリリース。

東京論

おやすみ。
RAM RIDER

SET ME FREE
RAM RIDER

RADIO Boy
RAM RIDER

東京は「なに」の都市なのか。

2018年の国連の発表によると東京は都市圏別人口ランキングが「世界一」なのだそうだ。
ちなみに、世界一の乗降車数を誇る駅はギネスにも登録された、東京の新宿駅。これだけの人々が営みを続け、さらに人が集まり続ける東京。空はスカイツリーのように高く、地下には地球3周分ものインフラ網が潜っている。そんな東京の風景は、あらゆるところにカルチャーが根付いている。そこから生み出されたマンガ・アニメ・ゲーム・特撮。そして、マンガ・アニメ・ゲーム・特撮が東京の風景に与えたものを紐解く、展示会がおこなわれる。
すでに2018年11月29日〜12月30日にフランス・パリにて『MANGA ⇔ TOKYO』展として開催。来場者が3万人を超えるなど多くの高い評価を得た展示の凱旋展示となる。いま一度、東京を様々な角度で見つめなおすのも、とても刺激的で、とても面白くなるのではないだろうか。（編集部）

※コロナの影響により、会期が変更になっております。

詳しくは https://manga-toshi-tokyo.jp/

坂道／ポートレイト

乃木坂46　清宮レイ

セルフポートレート。写真で自分自身を写す自写像のこと。
ひらたく言えば「自撮り」。
いまやスマホのカメラで毎日ネット上には
様々な「自撮り」がアップされている。
一回、ちゃんとしたカメラでちゃんとした「自撮り」、撮ってみませんか？
記念すべき創刊号の“セルフポートレート”は
乃木坂46、4期生の清宮レイさんです。

※坂道セルフポートレートは「背景の色」を撮る方（撮られる方でもある）に決めていただき、
衣装は用意せずに、その方の私服で来ていただきます。

——セルフポートレートを撮るのは、初めてですか？

これだけ、ちゃんと撮影するのは初めてですね。

——撮影の際には様々にポージングや角度を付けていたり、とても楽しんでいる雰囲気を感じましたが、実際はどうでしたか。

難しかったですね（笑）。いつもはカメラマンさんが良い角度をつけて撮ってくださるんですけど、今日は全部同じ角度で、そのフレームの中で自分を変えなければいけないので、どうやっていこうか試行錯誤していました。

——全身とアップでは、どっちが大変でしたか？

全身のほうが、ちょっと角度をつけただけで全然違う色に見えたり、いい感じに見えるまでが難しかったので、アップのほうが遊べる余裕がありましたね。

——全身のほうが両手両足、身体の角度などでイメージが変わりやすいのもあるんでしょうね。アップのときは遊べる余裕があるとおっしゃっていましたが、撮影してて面白かったところはどこだったんでしょうか。

きっちりポージングをしているのも良かったんですけど、ちょっと気を抜いた表情とか「あ、こんな表情も写真として写るのか」っていうのは普段はあまりないので面白かったですね。

——そうですよね。いつもはある程度決まっていたり、この衣装で「こうしよう」っていうのがある程度決まっていますもんね。

そうですね。衣装が私服っていうのも初めてだったんです。お仕事の衣装や制服を着ていると無意識にでも自分の中でカッチリとしていくんですけど、今日はお仕事とプライベートの境界線がない感じがして、いつもよりゆる〜くなっていたと思います（笑）。

——それがこの企画の狙っているところだと思っているので、そう感じていただけると嬉しいです（笑）。普段、スマホとかで撮影するものは、どういった写真が多いんですか。

最近は……ごはん！

——ごはん！

最近、料理するようになったので、綺麗に飾り付けしてごはんの写真を撮ることが多いですね。

——いいですね！ たとえば、今後はセルフポートレートではなく、清宮さんが乃木坂46のメンバーをスタジオできっちり撮るとかやってみたいと思いますか？

やりたいです！（笑）。私、人を可愛く撮るのがうまいんですよ。メンバーとか友達とかにも撮って欲しいって言われて、撮って送ったらSNSとかに掲載してくれて嬉しかったんです。自分で自分を撮ることはあまりないんですけど、人のことを撮るのは好きなんです。

——じゃあ、今回は「他人を可愛く撮るのが上手な人」が、自分自身を撮ってみるっていう構図だったんですね！ 少し難しかったセルフポートレートですが、またやってみたいと思いますか？

やってみたいです！ 今回のでわかった部分もあるので、次はもっと自由な感じでやりたいですね。

——楽しみにしています！

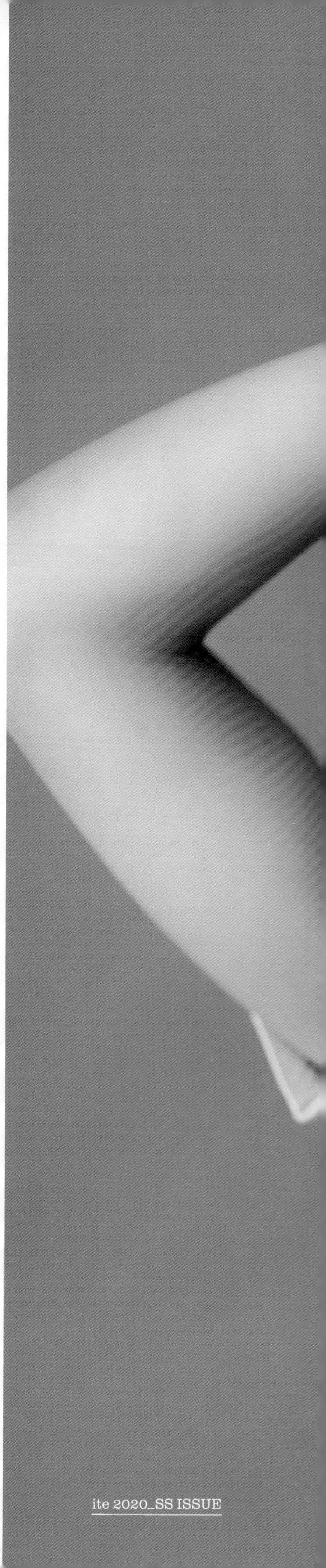

清宮レイ
2003年8月1日生。埼玉県出身。
乃木坂46の4期生として活躍中。

2020_SS ISSUE

ite

2020年7月3日　第一刷発行

編集 / 取材 / 文：林幸生

写真：松崎浩之

Art Direction & Design：Asyl（Masataka Kikuchi）

Special Thanks
Kazuhiro Hayashi / Yuka Murayama / Reina Yamanaka
and Everyone who bought ite

発行人：岡聡
発行所：株式会社太田出版
〒160-8571
東京都新宿区愛住町22　第3山田ビル4F
電話　03-3369-6262
振替　00120-6-162166
ホームページ　https://www.ohtabooks.com/ite/
twitter　https://twitter.com/ite_mag
印刷・製本：大日本印刷株式会社

ISBN978-4-7783-1700-3 C0095

see you in 2020_AW ISSUE